HISTORIA DE UNA AVE SOÑADORA

Remontarse en las alturas nos protege
de las tormentas de más abajo

EL ÁGUILA

ENRIQUE L. RULOFF

EL ÁGUILA
e d i c i o n e s

El Águila
4ª Edición

Copyright 2007 por Enrique Luis Ruloff
Borges 3247
(1636) Olivos
Buenos Aires - Argentina
Tel. 54-11-4799-8533
E-mail fit.director@yahoo.com o enriqueruloff@hotmail.com

ISBN 978-987-05-2856-2
Hecho el depósito que marca la ley 11.723

Diseño Gráfico: DaFComunicación Gráfica - dafcg@telecentro.com.ar

Producido en Argentina
Agosto de 2014

ÍNDICE

DEDICATORIA

A todos los que albergan sueños
y van detrás de ellos.
A todos aquellos que hasta ahora
no pudieron soñar,
para que los anime a hacerlo.
A quienes otras aves
les robaron la capacidad de soñar,
para que nuevamente lo intenten

Nunca olvides que no son sueños
los sueños que se sueñan en las alturas
y no permitas que los que no sueñan
te roben tus ilusiones

PRÓLOGO

Hay gente que posee un corazón de águila y no lo sabe. Hay otros que sí lo saben, pero no alcanzan a comprender su destino. Son soñadores pasivos que esperan sin entender "algo", que los active, que los encamine. Ese algo para mí es "Alguien".

Enrique Luis Ruloff ha sabido exponer sus sueños para que otros encuentren como volar, crecer y seguir soñando, pues él, es un soñador de libertad, de vivencias y crecimientos. Se anima a llegar a bordes que otros no llegarían, donde sólo las águilas se atreven.

Estas páginas me hablaron mucho, me desafiaron, llegaron a mi vida en un momento justo y sé que también llegarán a ti. Léelo con un sentido de expectación de destino.

Gracias Enrique, en estos tiempos cuando nuestra boca quiere ser saciada y nuestra hambre clama por algo más, tus palabras llegan como pan caliente, desafían, empujan para que salgamos a volar.

Marta Segura
Conferencista Internacional

PARTE I

Aquella mañana el silencio de la montaña fue interrumpido por el piar de una pequeña águila. Había irrumpido el planeta de los vivientes el pequeño Jonatán Natanael Águila, era el tercer aguilucho de un total de cuatro que llegaba al nido de este joven casal de águilas. Ellos nunca se imaginarían que J.N. Águila de alguna manera sería diferente a los demás polluelos.

Los días transcurrieron normales en aquel otoño florido, intercalándose días de calor y frío en aquella lejana montaña. Tanto el papá águila como la mamá trabajaron duro para que estos cuatro polluelos tuvieran el abrigo y el alimento necesario. Ellos nunca tuvieron todo lo que quisieron, pero sí amaban todo lo que tenían.

El nido no era el más grande, pero sí era lo suficientemente cómodo, fuerte y calentito para que estos polluelos crecieran sanos y fuertes. Con mucho esmero, por varios días, papá y mamá Águila trabajaron para que así sea.

Los primeros días en la vida de J. N. Águila fueron sorprendidos por sobresaltos. Tormentas repentinas, granizos, nieve y enfermedades fueron elementos que sacaron a esta familia de Águilas de la rutina de la montaña.

La montaña fue un maestro contínuo y silencioso en la vida de J. N. Águila. Ver las semillas nacer, crecer y dar su fruto fueron lecciones magistrales acerca de la paciencia, perseverancia, fe, como también el premio por el esfuerzo y la honradez. Hoy, muchos años después, estas lecciones le siguen acompañando.

El agua fresca del arroyo que serpenteaba el bosque y aquella cascada desgastada por el correr de las aguas de tantos años, muchas veces fue el lugar propicio para el descanso, la gestación y la puesta en marcha de algunos sueños.

El nido entre las rocas le daba esa seguridad a J. N. Águila de que todo estaba en calma. Pero desde sus primeros días de vida J.N. Águila miraba el horizonte por entremedio de las rocas y despertaba en él la curiosidad de que podía haber algo más allá de la línea horizontal de la puesta del sol.

Aquellos fueron días felices en la vida de J.N. Águila. Escuchar a su mamá trinar de una manera diferente en momentos de oscuridad, producían en J.N. Águila una calma especial; le deba un sentido de eternidad en medio de la temporalidad de sus vidas.

En la medida en que estos polluelos crecían, sus padres le fueron enseñando algunos secretos para sobrevivir en la montaña; los cuales J. N. Águila los guardaba my profundamente en su pequeña alma. Una de esas lecciones aprendidas a temprana edad lo acompañaría por el resto de sus días. A temprana edad J. N. Águila pudo comprender el porqué de algunos vuelos diferentes que sus padres hacían, hasta que un día sus padres le dijeron:

"Querido J. N. Aguila: Cuando la tormenta arrecia y cuanto más fuerte esta sea, más alto debes elevarte. Debes subir a las alturas, porque mientras abajo el bosque es sacudido y los árboles arrancados y todo parece oscuro, arriba hay luz, arriba hay un sol que brilla, una brisa suave que te acaricia y una paz incomprensible en medio de la tormenta. Cuanto más alto subas no sólo que dejarás de oír el ruido producido por la tormenta, sino que te sorprenderás al escuchar una voz apacible y suave que proviene de un Ser Infinito y que da sentido a tu existencia".

Todo esto parecía lejano en la vida de J. N. Águila, ya que por aquellos días todo parecía estar en calma en la montaña en donde se desarrollaba la vida de estos pequeños polluelos.

Un atardecer, mientras J. N. Águila observaba como el resplandor del sol se iba apagando en el horizonte, bañando las nubes con un manto dorado, una voz que sólo se escucha con el corazón, inquietó su pequeña alma. Por pri-

11

mera vez J. N. Águila percibió, sin remontarse demasiado alto, aquella suave y apacible voz que le decía:

Este no es la única montaña, hay otras más grandes en donde hay miles de águilas que están perdidas en medio de sus tormentas y necesitan que alguien les enseñe el secreto de remontarse a las alturas. Nunca pierdas de vista el horizonte, nunca olvides tu Norte, este te dará un sentido y propósito para tu vida.

Aquel atardecer sería trascendente en la vida de J. N. Águila. En medio del silencio de la montaña, la semilla de un soñador comenzó a germinar en el corazón del pequeño J. N. Águila. Las palabras *"hay muchas águilas en otras montañas que necesitan que alguien les enseñe el secreto de remontarse a las alturas"* comenzaron a retumbar en el corazón de J. N. Águila.

Todo comenzaba a tener sentido. Las lecciones que aprendía parecían tener otro color. Los días, que hasta esos momentos parecían ser rutinarios, comenzaron a tener otro impacto en el corazón de J. N. Águila.

Volar de aquí para allá, observar la montaña, las semillas, otras aves y disfrutar de esa cascada ya no sólo eran un objetivo, todo parecía tomar la forma de algo temporal y pasajero. Las nuevas montañas, las nuevas águilas para enseñar eran motivadores constantes en la vida de J.N. Águila.

Los días transcurrieron normales; hasta que una mañana algo movilizó a las águilas de la montaña. Para sorpresa de muchos, el cuerpecito de J.N. Águila yacía inmóvil en su nido. Algún virus había atacado su pequeño cuerpecito. Tanto papá como mamá Águila se pusieron inquietos y recurrieron a una vieja Águila, experto en enfermedades de águilas.

Esta no les dio muchas esperanzas de vida y les aseguró que en caso de sobrevivir quizás nunca más podría volar. Era momento de que ellos, como maestros del secreto de cómo sobreponerse a las tormentas, pusieran una vez más en práctica esa teoría. De modo que con otras águilas se remontaron a las alturas y unieron sus voces en un trinar de clamor, hasta que la voz del Ser Infinito les hablara y les diera calma.

Muchas horas después de estar en las alturas esa voz vino a ellos y les aseguró que J.N. Águila estaría bien, que en poco tiempo deberá irse de esa montaña a cumplir esa misión de enseñar a otras águilas, en otras montañas, el secreto de remontarse en las alturas en medio de las tormentas.

Con esa calma y paz, que suele dar esa voz del Ser Infinito, las águilas regresaron a la montaña; y papá y mamá Águila volaron tan rápidamente como pudieron para encontrarse con la sorpresa de que J. N. Águila piaba por algún pedazo de comida.

La alegría inundó el nido de esa familia de águilas. Toda la montaña hizo fiesta uniéndose a la pronta recuperación de

13

J.N. Águila. Pero a su vez un dejo de tristeza se albergó en el corazón de papá y mamá Águila, ya que ellos sabían que pronto J. N. Águila dejaría aquella montaña.

Cuando J.N. Águila se recuperó de esa enfermedad, una vez más, esa voz que había escuchado tiempo atrás, mientras observaba el horizonte, se hizo eco en su corazón. *"No olvides que hay otras montañas en donde hay muchas águilas que están perdidas y que necesitan que alguien les enseñe el secreto de remontarse en las alturas".*

Los siguientes días J. N. Águila observó con asombro como esa semilla de los sueños continuaba germinando y tomando forma y espacio en su corazón. Ya nada le pareció igual, Las rocas de la montaña tenían otro brillo; el agua de la cascada tenía otro sabor. Un sentido de pertenencia y propósito habían conquistado todo su ser. El saber que habían otras águilas que necesitaban que alguien les llevara ese mensaje de esperanza le daría las fuerzas para vencer todos los obstáculos que se le presentaría en un futuro inmediato.

Comenzó a comprender que el verdadero sentido y propósito de la vida no estaba adentro, sino afuera; no estaba en ayudarse a sí mismo, sino en ayudar a otros. Comenzó a comprender que para escuchar esa voz del Ser Infinito no tenía que mirar hacia adentro, sino hacia fuera, especialmente hacia arriba.

Días después llegó el tiempo en que J. N. Águila debía dejar el nido y aprender a volar por sí mismo. Ese her-

14

moso nido que lo había cobijado por tantos días, ahora sería parte del álbum de sus recuerdos. Las plumas que lo calentaron en sus primeros días, ahora le eran quitadas del nido; luego también la piel que le daba estabilidad y seguridad; para encontrarse de pronto parado sobre las ramas espinosas que le incomodarían y le obligarían a tomar esas primeras lecciones de vuelo. Allí J. N. Águila comenzó a entender otra lección de la vida:

A veces nos quedamos muy cómodos en la seguridad de nuestros nidos, esperando que mamá o papá nos sigan trayendo la comida. Por eso es necesario que alguien nos quite las plumas para incomodarnos un poco y si eso no es suficiente para movilizarnos a los cambios y para que dejemos el nido y aprendamos a volar por nosotros mismos, entonces alguien deberá quitarnos la piel que nos da seguridad y estabilidad para que los espinos nos pinchen y nos obliguen a salir de nuestro cómodo lugar. Muchas de las montañas que hoy son cordilleras potentes, se levantaron sobre las cenizas de sus propias ruinas.

Papá y mamá Águila no querían hacer eso, pero sabían que era necesario para que J. N. Águila aprendiera a volar por sus propios medios. Tiempo después J.N. Águila comprendería que en ese proceso de enseñar a volar a sus polluelos, los papás también sufren, pero que es parte del ciclo natural de esta vida. No hay crecimiento sin crisis, no hay posibilidad de remontarse a nuevas alturas sin pagar el costo de un nuevo aprendizaje que conlleva dolor, esfuerzo y perseverancia.

15

PARTE II

Los siguientes días fueron muy activos para J. N. Águila. Una y otra vez la pequeña ave subía lo más alto que podía y se lanzaba al vacío para mejorar su estilo de vuelo. Algunas plumas que no servían debieron ser quitadas. Muchas otras Águilas con más experiencia le enseñaron técnicas y secretos de vuelo. Por aquellos tiernos días J. N. Águila aprendió otra lección:

Si quieres conquistar tus sueños debes cultivar y mantener un corazón enseñable. Nunca debes creer que ya sabes lo suficiente porque eso te impedirá seguir creciendo. El día que dejes de aprender estarás destinado a quedarte en la mediocridad, estarás destinado a arrastrarte por el suelo y comer la carroña y los restos que otras águilas te dejarán y perderás la posibilidad de comer comida fresca que sólo la alcanzan aquellos que están dispuestos a superarse y a conquistar sus sueños.

EL ÁGUILA

Recorriendo el bosque J. N. Águila observó con gran dolor la realidad de que habían muchas otras águilas que habían sido creadas para remontar vuelo en las alturas, pero que estaban aprisionadas entre los barrotes de su propia prisión mental.

Un día, recorriendo el bosque observó como un águila que había sido capturada desde pequeña y encerrada entre otras aves, comía restos que caían en el suelo y cada vez que intentaba volar, las demás aves le decían que no intentara ya que no lo podría lograr.

El intentó ayudarla, intentó animarla, pero esta no quiso escucharle. Se había acostumbrado a lo seguro, a aquello que de una u otra manera le mantenía viva, pero internamente estaba muerta.

Otro día, mientras practicaba las distintas técnicas de vuelo se encontró con otra águila, a quien conocía desde que eran polluelos. Trató de enseñarle algunas de las técnicas de vuelo que estaba aprendiendo; le animó a que subiera a las alturas, y le dijo que allá arriba podía, en medio del silencio, escuchar una voz que le daría sentido y orientación a su vida. Esta águila quiso escuchar esa voz pero no quería practicar las técnicas de vuelo que lo podían llevar hasta el más allá. Fue entonces que J. N. Águila una vez más entendió que:

Sólo los que reconocen que no pueden por sí mismos

y que necesitan de la ayuda de otras águilas, podrán aprender los secretos, remontarse por los aires y escuchar esa suave y dulce voz que viene del Ser Infinito, que trae paz y que calma la vida en medio de la tormenta.

El aprendizaje de técnicas de vuelo más específicas obligó a J. N. Águila alejarse algunos kilómetros de vuelo de su pequeño bosque, para internarse en otro en donde había más árboles y muchas otras águilas.

Allí debió someterse a duras clases, para ejercitar sus músculos, su paciencia y su perseverancia. Las primeras lecciones, ahora, alejado de su pequeño bosque, le costaron aprender. Por momentos creyó que no podría superar esas barreras, pero recordó unas palabras que un día había escuchado *"para el que cree todo le es posible"*, y aferrándose a esa verdad continuó adelante. Cada tanto regresaba al bosque en donde se encontraba con su papá y mamá águila, como también con los demás polluelos.

Su corazón estaba partido. El dolor de dejar su bosque, que por tanto tiempo lo había cobijado, lo había bloqueado y un día tuvo que ser confrontado con una dura realidad. Sus maestros de vuelo le habían dicho que si no hacía un esfuerzo, debería abandonar las clases de vuelo.

Ante esa noticia J. N. Aguila, por primera vez se encontraba en una situación con dos destinos: uno, regresar a su pequeño bosque en donde había crecido; pero eso significaba destruir las semillas de sus sueños que ya estaba germinando. La otra opción que le quedaba era subir a las alturas y tratar de experimentar en su propia carne y plumas un milagro.

En aquellos días J. N. Águila recordó lo que sus padres, cuando era un pequeño polluelo aún, le enseñaron, cuando le dijeron:

"Querido J. N. Aguila: Cuando la tormenta arrecia y cuanto más fuerte esta sea, más alto debes elevarte. Debes subir a las alturas, porque mientras abajo el bosque es sacudido y los árboles arrancados y todo parece oscuro, arriba hay luz, arriba hay un sol que brilla, una brisa suave que te acaricia y una paz incomprensible en medio de la tormenta. Cuanto más alto subas no sólo que dejarás de oír el ruido producido por la tormenta, sino que te sorprenderás al escuchar una voz apacible y suave que proviene del infinito y que da sentido a tu existencia".

J. N. Águila decidió seguir la segunda opción. En aquellos días una y otra vez intentó subir a las alturas, los más alejado del bosque posible. Estando allá arriba, desde lo más profundo de su corazón exclamó:

"Si es verdad lo que escuché siendo un pequeño polluelo, mientras observaba ese atardecer, entonces ahora

necesito un milagro. Necesito poder aprobar esas lecciones de vuelo".

La voz del Ser Infinito no tardó en hacerse escuchar, esa voz que sólo se escucha con los oídos del corazón. De pronto, el silencio de J. N. Águila fue interrumpido y esa suave y apacible voz le habló diciendo:

Hola, mi pequeño Águila ¿por qué estás preocupado? ¿por qué tienes miedo?. Yo soy esa voz que un día te habló mientras eras un pequeño polluelo y estabas observando la puesta de sol en aquel dorado atardecer. Yo soy el mismo que irrumpió en tu vida cuando tus padres subieron a las alturas a buscar ayuda, mientras tu cuerpo permanecía inerte en tu primer nido, a causa de ese virus que te había atacado.
Hoy, una vez más, confirmo que te he escogido de entre otras águilas. Nunca olvides tu Norte. Tu pedido es un hecho. Preséntate ante tus maestros y aprobarás esas lecciones de vuelo. Y no olvides que esto quedará en el álbum de tus recuerdos y te servirá como una confirmación de que tu has sido escogido de entre muchas otras águilas para ir a otros bosques para enseñarles los secretos de cómo pueden remontarse en las alturas para que las tormentas no les destruyan.

J. N. Águila se presentó a rendir esos exámenes de vuelo con una profunda paz, como si sólo fuera un trámite; y por primera vez experimentó en su propia carne y plumas que era verdad lo que esa voz le había dicho, y aprendió otra lección significativa:

Llegará un tiempo en tu vida en que la fe de tus padres debe convertirse en tu propia realidad. No puedes vivir mucho tiempo con una fe prestada. Llegará un momento en donde te darás cuenta que no puedes sobrevivir con la fe de otros y necesitarás pasar por el fuego de tu propia experiencia para que aquello que hasta entonces era una simple teoría, sean ahora palabras de tu propio libro de vivencias.

J. N. Águila descubrió que este subir a las alturas podría ser un ejercicio cotidiano y no sólo cuando las tormentas arrecian. Descubrió que cuantas más veces se remontara a las alturas, más ejercitadas estarían sus alas para luego hacerlo en los momentos de mayor necesidad, cuando las tormentas oscuras y violentas quisieran sacudirle su propio nido.

Con esa experiencia y seguridad J. N. Águila enfrentó las próximas lecciones que lo convertirían en un mejor volador. Un día descubrió que todo lo que esas primeras águilas maestras podían enseñarle ya lo habían hecho y que si quería aprender otras lecciones más sofisticadas, que lo podrían convertir en un mejor soñador, que podrían darle las herramientas para luego enseñar a las otras águilas de otros bosques, el secreto de remontarse a las alturas, él mismo debería trasladarse a otro bosque, donde los árboles eran más altos, donde el bosque era una verdadera jungla y donde la vida era más peligrosa, y ser expuesto a muchas otras águilas maestras que le enseñarían a conquistar sus sueños.

Esa realidad le obligó una vez más a J. N. Águila a alejarse cientos de kilómetros de vuelo de su propio bosque paterno, dejar atrás a águilas que le dieron un lugar de pertenencia en sus primeros días de vida.

Los años transcurrieron rápidamente y J. N. Águila aún conserva en su memoria, cada rama, cada árbol, cada rincón de la cascada, cada surco que con sus padres y hermanos conoció en aquel pequeño bosque.

Las aguas frescas de aquel serpenteado arroyo muchas veces fueron de inspiración a su cansada alma. Esos primeros años y las experiencias vividas fueron marcadas con fuego y una y otra vez el recordarlo le ayudaron a mantener su Norte.

La vida en ese nuevo, inmenso y salvaje bosque no le resultó tan fácil. La sencillez y la confianza que lo acompañaron los primeros años en su pequeño bosque, ahora le podían jugar en contra. Comenzó a descubrir que no todas las águilas eran iguales y que hay algunas que para sobrevivir están dispuestas no sólo a quitarte lo que es tuyo, sino a devorar, si es necesario, tu propia carne y pluma.

Pero J. N. Águila quería mantener fresco la memoria y el recuerdo de aquella voz que le habló desde el infinito, esa voz que sólo se escucha con el oído del corazón, para ello debió enfrentar la realidad de la vida en ese nuevo bosque. Pronto entendió que:

No debemos dejar de confiar en otras águilas, pero si estas nos traicionaron, la segunda vez deberemos tener más cuidado en quien confiamos.

Aquellos días de aprendizaje fueron matizados con alegrías y tristezas, ganancias y pérdidas, pero lo mejor de todo es que J. N. Águila descubrió que existían otras águilas que habían tenido experiencias similares, se encontró con la realidad de que también habían otras águilas que habían descubierto el secreto de remontarse a las alturas en medio de las tormentas; descubrió que habían otras águilas que también habían escuchado esa voz del Ser Infinito que les había encargado la misión de comunicar a las demás águilas ese secreto de remontarse en las alturas en medio de las tormentas. En aquellos días J. N. Águila aprendió otra sencilla lección:

Es mucho mejor volar de a dos para que cuando uno esté cansado la otra águila pueda darle ánimo, o si está enferma, pueda cuidarle. Aún cuando por naturaleza las aves vuelan de manera solitaria.

Fueron días en donde J. N. Águila descubrió el valor

de la amistad y cómo desarrollarla. Luego de varios días de estar aprendiendo estas nuevas lecciones de vuelo, de cómo ser un mejor águila, y de cómo poder contarle a otras águilas el secreto de cómo remontarse a las alturas en medio de las tormentas, J. N. Águila de alguna manera había perdido su Norte. Entre tantas teorías de vuelo lo más importante había quedado en la nebulosa de confusos y apasionados pensamientos.

Fue entonces que otra águila, que por aquellos días le había dado un par de lecciones, le ayudo a reencontrarse consigo mismo y su propio Destino. Una vez más, en medio de la oscuridad y la confusión J. N. Águila se remontó a las alturas, buscando una palabra que le sirviera como guía, buscó una palabra de esa voz que tantas veces le había hablado desde el infinito.

De pronto, como si fuera una película de National Geographic, imágenes comenzaron a cruzarse por la mente de J. N. Águila. Pudo ver aquellos días tranquilos en su pequeño bosque, junto a sus papas y otros polluelos de águilas, que eran sus hermanos. Pudo contemplar nuevamente ese atardecer que sembró en él la semilla de los sueños. Pudo ver el día en que se alegró con su familia y otras águilas, cuando el virus de su cuerpecito había desaparecido. Pudo ver el día en que se remontó con desesperación y experimentó en su propia carne y pluma el milagro de aprobar aquellas primeras y difíciles lecciones de vuelo; cuando todo parecía que debía regresar a su bosque.

En medio de esas imágenes que velozmente pasaban por su mente, una vez más escuchó esa suave y apacible voz del Ser Infinito que le decía:

Nunca olvides tu Norte. Recuerda que desde que eras un pequeño polluelo yo te escogí de entre muchas otras águilas para darte un propósito y una misión. Anuncia a las águilas que están perdidas en los bosques de este mundo, a quienes la desesperanza y la angustia los ha atrapado en medio de las tormentas, que si se remontan a las alturas hay posibilidad de ver la luz del sol, experimentar la paz y escuchar una suave y apacible voz que sólo se puede escuchar con el oído del corazón.

J. N. Águila comprendió que había llegado el tiempo de ir a las águilas que estaban perdidas, para anunciarles esta buena noticia. Pero en medio de aquellos días algo hermoso habría de sorprenderlo, algo que por mucho tiempo J. N. Águila estaba esperando, por fin golpeó a su puerta.

PARTE III

El amor golpeó la puerta del corazón de J. N. Águila. Entre tantas águilas que había conocido, una cautivó su corazón y con ella decidió formar su propio nido. Pronto descubrieron que hay muchas otras águilas que no quieren que los sueños que uno sueña se hagan realidad. En una de esas tantas veces que J.N. Águila se remontó a las alturas en busca de alguna palabra de ánimo, escuchó la voz del Ser Infinito, que para aquel entonces ya le era familiar, que le decía:

"Nunca permitas que los que no sueñan te roben tus ilusiones"

Los próximos días estarían matizados de visitas a nuevas montañas, encuentros con otras águilas, ya sea para enseñar a otras águilas el secreto de cómo remontarse a las alturas en medio de las tormentas, como también de visita a nuevas rocas para seguir aprendiendo nuevas lecciones de vuelo, de cómo ser una mejor águila y cómo poder comunicar mejor a las águilas perdidas en las montañas de este mundo el secreto de remontarse en las alturas en medio de las tormentas.

Esto le permitió a J.N. Águila y a su familia cruzar los mares, surcar los aires atravesando muchos otras montañas para que esos sueños de aprendizaje pudieran llevarse a cabo. En medio de ese revolotear de aquí para allá, J. N. Águila aprendió que:

Si quieres que tus sueños se hagan realidad, no puedes quedarte quieto, debes aceptar los nuevos desafíos que la vida te presenta y superarlos con coraje y no tenerle miedo a tomar nuevas rutas de vuelo o miedo al proceso que conllevan las mismas decisiones. Las corrientes de aire no siempre pasan, cuando una de ella llega a nosotros, necesitamos meternos en ella para que el vuelo sea más placentero.

J. N. Águila pronto descubrió la maldad de otras águilas, como ser:

Águilas que se quedaron encerradas entre los barrotes de sus propios pensamientos.

Águilas que no quieren que otros sueñen y se remonten y les hagan caer en su propia realidad de que se han quedado en la bajeza y mediocridad de sus existencias.

Historia de un ave soñadora

Águilas que se conformaron con elevarse a cierta altu-
ra y que creyeron que es imposible subir más alto.

En uno de las montañas en donde fueron a enseñarles a las águilas el secreto de cómo remontarse a las alturas
en medio de las tormentas, viejas águilas que ya habían perdido la ilusión de volar, que habían claudicado con sus propios sueños y se acostumbraron a la carroña de la vida cotidiana, quisieron arrancarle a J. N. Águila sus plumas para
que también dejara de soñar.

Hicieron todo lo que estuvo a su alcance, pero una
vez más esa voz que desde el infinito le había hablado, in-
tervino y no sólo lo libró de esas viejas águilas, sino que
también le permitió ver cómo nuevas águilas aprendían con
ansias el secreto de remontarse en las alturas en medio de
las tormentas, y llenar sus días con alegrías de encontrarse
con otras águilas que habían abrazado el mismo destino de
dejar la carroña del suelo y salir a buscar comida fresca y
descubrir que hay nuevos horizontes en la inmensa montaña de este planeta.

Pronto, luego de revolotear por diferentes montañas, J.
N. Águila se estableció en una gran montaña, buscó una roca
sólida en donde construir su nido. Tiempo después ese nido
fue lleno de polluelos que le darían una y otra vez ale-grías y
en medio de ese algarabío, J. N. Águila comprendió que:

La vida tiene mayor sentido cuando nosotros podemos
proyectarnos en las próximas generaciones y ver crecer
una prolongación de nosotros en nuestros polluelos.

También aprendió que de entre todas las águilas de los bosques, su propio nido debe ser la primer escuela en donde enseñar esos secretos de cómo remontarse en las alturas, cuando las tormentas sacuden nuestra roca. También entendió que:

Si nosotros no cuidamos nuestro nido, ninguna otra águila lo hará. Necesitamos levantar barreras que resguarden la seguridad de nuestros polluelos. No debemos construir el éxito de nuestros vuelos sobre la ruina de nuestro propio nido.

También comprendió que:

No hay cosa más hermosa que, nosotros como águilas, con todos nuestros polluelos, hagamos un aporte positivo a las águilas del bosque en donde establecimos nuestro nido. La seguridad que nos brinda esa voz del Ser Infinito nos capacita no sólo para darle sentido a nuestras propias vidas, sino que ensancha nuestros corazones y nuestras alas para cobijar a otras águilas que no han sido empollados en nuestro nido.

Los siguientes días fueron días de mucho trabajo. Limpiarla roca, enseñar a otras águilas el secreto de cómo podemos remontarnos en las alturas en medio de las tormentas, cómo ser mejores águilas para hacer un aporte positivo en la montaña en donde vivimos.

Cientos de águilas fueron ayudadas por J.N. Águila y

su familia y no pocas fueron cobijadas en su nido. Miles de horas fueron quitadas de sus propios polluelos para invertir en otras águilas que llegaban a ellos sin rumbo, heridas o en busca de una dirección para sus vidas. Alegrías y tristezas fueron intercambiadas con la rutina de la vida. Muchas semillas de sueños fueron sembradas en otras águilas y vez tras vez ellos pudieron ver la cosecha de lo sembrado en otros.

Hoy, al hacer un balance de todo lo vivido, miles de lecciones quedaron grabadas en su corazón, algunas de ellas ya han sido probadas, otras lo serán, pero que en conjunto hacen un legado importante para las próximas generaciones de águilas.

PARTE IV

Diferentes lecciones aprendidas en distintas ocasiones, fueron de gran inspiración a lo largo de los años de vida que J. N. Águila ha vivido y que de alguna manera, en forma resumida, quiere transmitírtela en las siguientes páginas. Una historia que desafió grandemente a J. N. Águila a seguir luchando para conquistar sus sueños, fue la siguiente:

Un pequeño gusanito caminaba un día en dirección al sol. Muy cerca del camino se encontraba un saltamontes:

- ¿Hacia dónde te diriges?, le preguntó.

Sin dejar de caminar, la oruga contestó:

- Tuve un sueño anoche; soñé que desde la punta de la gran montaña yo miraba todo el valle. Me gustó lo que vi en mi sueño y he decidido realizarlo.

Sorprendido, el saltamontes dijo, mientras su amigo se alejaba:

- ¡Debes estar loca!, ¿Cómo podrías llegar hasta aquel lugar?
- !Tú, una simple oruga!. Una piedra será para ti una montaña, un pequeño charco un mar y cualquier tronco una barrera infranqueable.

Pero el gusanito ya estaba lejos y no lo escuchó. Sus diminutos pies no dejaron de moverse.

La oruga continuó su camino, habiendo avanzado ya unos cuantos centímetros.

Del mismo modo, la araña, el topo, la rana y la flor aconsejaron a nuestro amigo a desistir de su sueño!

-¡No lo lograrás jamas! - le dijeron, pero en su interior había un impulso que lo obligaba a seguir.

Ya agotado, sin fuerzas y a punto de morir, decidió parar a descansar y construir con su último esfuerzo un lugar donde pernoctar:

- Estaré mejor, fue lo último que dijo, y murió.

Todos los animales del valle por días fueron a mirar sus restos. Ahí estaba el animal más loco del bosque.

Había construido con su tumba un monumento a la insensatez. Ahí estaba un duro refugio, digno de uno que murió "por querer realizar un sueño irrealizable".

Una mañana en la que el sol brillaba de una manera especial, todos los animales se congregaron en torno a aquello que se había convertido en una ADVERTENCIA PARA LOS ATREVIDOS.

De pronto quedaron atónitos. Aquella concha dura comenzó a quebrarse y con asombro vieron unos ojos y una antena que no podía ser la de la oruga que creían *muerta. Poco a poco, como para darles tiempo de reponerse del impacto, fueron saliendo las hermosas alas color arcoiris de aquel impresionante ser que tenían frente a ellos: UNA MARIPOSA.*

No hubo nada que decir, todos sabían lo que haría: se iría volando hasta la gran montaña y realizaría un sueño; el sueño por el que había vivido, por el que había muerto y por el que había vuelto a vivir.

"Todos se habían equivocado". El Ser Infinito no nos hubiera dado la posibilidad de soñar, si no nos hubiera dado la oportunidad de hacer realidad nuestros sueños.

De modo que si tienes un sueño, vive por él, intenta alcanzarlo, pon la vida en ello y si te das cuenta que no puedes, quizá necesites hacer un alto en el camino y experimentar un cambio radical en tu vida y entonces, con otro aspecto, con otras posibilidades y circunstancias distintas: !!LO LOGRARAS!!!!

A raíz de esta historia escuchada, J. N. Águila comprendió que:

El éxito en la vida no se mide por lo que has logrado, sino por los obstáculos que has tenido que enfrentar en el camino. Por lo tanto, lucha con todas tus fuerzas por lo que deseas y alcanzarás tus sueños, no importa las veces que debas intentar, sigue hasta el final. Todas los cosas son imposibles, mientras lo parecen, pero si intentas soñar lograrás aquello que parecía imposible. Los grandes inventos tienen como fundamentos los fracasos reiterados, hasta que dieron en el blanco indicado.

También escuchó la siguiente historia, que fue de gran inspiración para él:

Había dentro de un pozo oscuro y profundo una gran comunidad de ranas que tenían en su sociedad una ley muy rígida.

Había también una curiosidad general en el sentimiento de toda la comunidad: ¿Qué es lo que hay después de esa luz que está arriba de nosotros?

La rigidez de la sociedad y sus gobernantes les impedían siquiera pensar en ello, ya que habían advertido de que después de la luz no había mas que desgracias y sufrimiento. Cualquiera que osara pensar en ello sería duramente castigado y quien se atreviera a ir a la luz no sería recibido en la comunidad nuevamente.
Un buen día una rana joven dijo a sus amigos. "Yo iré a la luz y no regresaré jamás".

Al escucharlo, se quedaron perplejos, algunos le aconsejaron para que no lo hiciera, otros la delataron. Por esto, los gobernantes decidieron ejecutar a aquella joven rana al día siguiente.

Pero al día siguiente, muy temprano, la joven rana esperó y subió al balde que a diario bajaba por agua, para encontrarse con la luz.

La comunidad dudaba más y sentía más curiosidad por este suceso, pero los gobernantes pusieron leyes más estrictas para que nadie hablara de eso, decían que había muerto en la luz y por eso nunca regresaría.

A unos pocos meses, se escuchó un grito al final de la luz: ¡Hola!

Abajo todos escucharon y alguno respondió: ¿Hola?

La voz respondió: Soy la joven rana que escapó de ustedes.

¿Cómo te va arriba? ¿Sufres mucho? ¿Deseas regresar? preguntaron desde abajo.

Nada de eso - replicó la rana - me va muy bien, hay muchas cosas distintas, acá todo es de colores, no es verde y negro como allá abajo, hay muchos tipos de ranas bonitas y hay muchas más comunidades acá, también hay mucho alimento muy variado y a propósito, me he casado y ahora tengo siete hermosos hijos. ¡¡No volvería abajo ni loco!! Además agregó: El que quiera venir, es bien recibido acá, les aseguro que les encantará.

Las autoridades se admiraron y emitieron una nueva

ley: Quien piense en irse sería ejecutado al día siguiente, además condenaron a aquella rana valiente a nunca regresar a su comunidad.

Cuenta la historia, que al día siguiente, el balde que bajaba diariamente al pozo, subió repleto de ranas ansiosas por salir.

J. N. Águila comprendió que el Ser Infinito quiere darnos una vida y un mundo distinto lleno de colores y alimentos nuevos para que salgamos de los viejos preceptos del mundo. Pero para que esto ocurra necesitamos creer, necesitamos tener fe. "La fe no es sentir, sino saber. No es emoción, sino convicción. No es sensibilidad, sino certeza. Emoción no, convicción sí."

Pero J. N. Águila también entendió que:

"Muchas veces las cosas pasan el proceso antes de que lleguen a tus alas, otras veces vos pasas el proceso antes que te lleguen las cosas a tus alas, nada llega a nadie sin estar listo para ser recibido"

Las oportunidades no siempre se dan, pero cuando estas se den, debes estar preparado para lanzarte en la conquista de tu sueño dorado.

Durante aquellos años una serie de reflexiones fueron acumuladas en la pequeña cabecita de J. N. Águila, pensamientos como las siguientes fueron una constante inspiración para el:

"No podemos saber lo que es malo si negamos al Ser Infinito que es bueno."

"El Ser Infinito tiene un ojo que todo lo ve y un corazón que todo lo perdona."

"El águila se eleva más alto cuando hay tormentas, y no cuando todo sopla a su favor."

"Nadie cambia si no siente la necesidad de hacerlo."

"En esta guerra cotidiana, no puedes darte el lujo de tomar licencias."

"La Fe no es creer sin pruebas, sino confiar sin reservas."

"Somos más ricos cuando damos y más pobres cuando acaparamos."

"No ser amados por otras águilas es una simple desventura; la verdadera desgracia es no amar a otras águilas."

"Lo más difícil de aprender en la vida, es que bosque hay que cruzar y que bosque hay que quemar."

"*Quien de verdad sabe de qué habla, no encuentra razones para levantar la voz.*"

"*La mitad está hecha cuando tienen buen principio las cosas.*"

"*Para ejercer un liderazgo exitoso, es preciso saber obedecer.*"

"*Una onza de falsa vanidad deteriora todo un quintal de auténtico mérito.*"

"*La verdad duele, se ha dicho por mucho tiempo. ¿Por qué duele? Porque mata las mentiras que hay en nosotros.*"

"*Es mucho más temible un ejército de ovejas comandado por un león, que un ejército de leones comandado por una oveja*".

Plutarco

"*El éxito es el resultado de las decisiones acertadas, las decisiones acertadas son el resultado de la experiencia y la experiencia suele ser el resultado de las decisiones equivocadas*"

"*En todo desierto hay un pozo a la espera de ser descubierto*" [1]

---

[1] Estas frases las he recibido por E-mail de la siguiente dirección sklaiman@sion.com. Algunas de ellas han sido modificadas.

Le llevó un tiempo a J. N. Águila entender que ya tenía todo lo que necesitaba para comenzar a crear su futuro. Sin embargo, a veces se encontraba diciendo: "Si tan sólo tuviera esto..., si al menos esto fuera distinto..., si tuviera más plumas..." "Si tan solo esa montaña no fuera tan dura..." Esto le llevó a entender que:

No debemos exagerar la importancia de las cosas que no tenemos. Debemos empezar con lo que tenemos, no con lo que nos hace falta.

No permitas que aquello que no puedes hacer, te impida hacer lo que sí puedes. La pasividad prolongada paraliza la iniciativa. Para la mente que vacila, todo parece imposible.

No esperes que existan circunstancias extraordinarias para hacer el bien, hazlo en las situaciones comunes. No necesitas más energía, habilidad ni mayores oportunidades. Lo que debes hacer es sacarle provecho a lo que ya tienes.

"El encanto de lo distante y lo difícil es engañoso. La gran oportunidad se encuentra donde está".
                                                    John Burroughs.

Lo que puedes hacer ahora es la única influencia que tienes sobre tu futuro. La grandeza verdadera consiste en demostrar excelencia en las pequeñas cosas.

No te quejes porque no tienes lo que quieres. Agradece no recibir lo que mereces. No serás feliz hasta que no aprendas a sacarle provecho a lo que ya tienes. No te preocupes por lo que no tienes.

La alegría nunca vendrá a quienes no saben apreciar lo que ya poseen. La mayoría de las personas cometen el error de buscar muy lejos aquello que está cerca.

Nunca alcanzarás mayores logros, a menos que te lances antes de estar listo. Nadie logró el éxito mientras esperaba que todas las condiciones fueran 'ideales'.

" No temas la presión, recuerda que ella transforma el carbón en diamante ".

"El que al viento observa, no sembrará; y el que mira a las nubes, no segará."

La Biblia

No pierdas el tiempo con dudas y temores acerca de lo que no tienes. Dedícate de lleno a terminar la tarea que tienes en tus manos, sabiendo que el correcto desenvolvimiento actual es la mejor preparación para tus años venideros. Simplemente hazlo, con lo que tienes.[2]

---

[2] Estas frases las he recibido por E-mail de la siguiente dirección sklaiman@sion.com

Sumado a estas y tantas otras enseñanzas, una historia que J.N. Águila escuchó fue de gran inspiración para el.

Cuentan que una colonia de hormigas decidió un día salir a excursión, iban en busca de un nuevo lugar donde pudieran crear su nido y sentar las bases de la nueva colonia, un lugar al que el mundo recuerda como Utopía.

Y dice la leyenda que las hormigas viajaban y viajaban, y el camino se volvía cada vez más penoso y peligroso. Algunas hormigas decidieron regresar, otras se quedaron varadas en el camino, pues carentes de ánimo pronto la debilidad las invadió y fueron incapaces de seguir adelante.

Mas sucedió, que la colonia se juntó, renovó los pactos, restablecieron la confianza y continuaron el camino todas, salvo un grupo que decidió regresar al nido en que vivían antes, plenamente convencidas de que esa tierra llamada Utopía no era sino el fruto de una imaginación muy desarrollada pero desgraciadamente irreal.

De la colonia original, únicamente seguían aferradas al sueño unas cuantas hormigas, el paisaje cambió y se encontraron de pronto ante una gran montaña que había que subir, enfrentando los peligros de los precipicios y las bajas temperaturas, todo ello sumando a la ausencia de agua y comida.

El Águila

Muchas consideraron que era imposible escalar la montaña, sólo tres hormigas decidieron que valía la pena intentarlo, pues tal vez al otro lado de la montaña pudiera existir ese mágico mundo de Utopía.

Iniciaron el ascenso y quedaron abajo las hormigas temerosas, pero con la promesa de que si encontraban algo las aventureras, regresarían y las invitarían a seguir adelante.

Pero el ascenso duró largo tiempo, se sucedieron los días y las noches y las hormigas que se habían quedado en el valle se hundieron en la desesperanza y decidieron regresar a unirse a aquellas otras que ya habían claudicado en el viaje.

Y nuestras tres amigas subían todavía aferradas al último hálito de fe que les quedaba, una de ellas cayó al precipicio al descuidar un poco el paso que llevaba, las otras dos apesadumbradas decidieron seguir en honor a aquella que había caído.

Pronto, una tormenta se dejó abatir sobre los cuerpos de nuestras cansadas hormigas, buscaron un refugio en una cueva y ahí se mantuvieron: pero la tormenta no cedía, y pasaron dos días y tres días y las hormigas estaban a punto de morir de frío cuando una de ellas le dijo a la otra:

Este viaje en el que nos hemos embarcado, ¿Cómo sabes si no nos ha traído a la muerte?, comienzo a creer que Utopía no es sino un bello sueño pero se encuentra más allá de nuestras posibilidades.

La segunda hormiga escuchó largo tiempo las dudas de la primera, y al final contesto:

La vida de una hormiga sólo tiene sentido cuando ha emprendido el viaje hacia el mágico mundo de Utopía; sin un destino final, ningún viaje tiene sentido.

La otra hormiga avergonzada calló, y se unió a la paciencia con la que la segunda hormiga esperaba a que la tormenta cediera.

Días después cuando las nubes despejaron el cielo y el sol derritió las nieves que cubrían la montaña, las dos hormigas pudieron salir y muy pronto observaron a un maravilloso valle que se extendía a los pies de la montaña. Pero era el mismo valle que ellas habían tenido que recorrer.

Se dieron cuenta que Utopía no era sino la tierra de donde ellas procedían, pero había que subir hasta la montaña para darse cuenta de la belleza que poseían sin saber.

Llenas de gozo emprendieron el descenso, pero no en-

EL ÁGUILA

contraron a las hormigas que habrían de esperarlas en el valle, encontraron a muchas otras que vivían en los diferentes nidos al pie de la montaña y más adentro en el valle. Y a todas ellas las hormigas les hablaban de que ya vivían en la tierra de Utopía y que el paraíso era ese y no otro, toda las hormigas que escuchaban las tachaban de locas y decían que habían enfermado por haber permanecido tanto tiempo en la montaña. [3]

Pasaron los años y los siglos y los milenios, y las águilas de esta montaña siguen buscando aún una tierra de ensueño y magia a la que desean llegar atravesando valles y subiendo montañas, salvando peligros y descubriendo misterios. Tal vez algún día logren subir tan alto que puedan hacer el mismo descubrimiento que nuestras amigas las hormigas.

Tanto nadar para morir en la orilla..................

[3] Estas frases las he recibido por E-mail de la siguiente dirección DurasnoGavi@aol.com

PARTE V

Para entender esta próxima sección de la vida de J.N. Águila, necesito revelarles un secreto de esta especie plumífera.

El águila es el ave con mayor longevidad de esas especies. Llega a vivir 70 años, pero para llegar a esa edad, a los 40, debe tomar una seria y difícil decisión.

A los 40 años, sus uñas están apretadas y flexibles y no consigue tomar a sus presas de las cuales se alimenta. Su pico largo y puntiagudo, se curva, apuntando contra el pecho. Sus alas están envejecidas y pesadas y sus plumas gruesas. Volar en esas condiciones se hace ya tan difícil! Entonces, el águila tiene solamente dos alternativas: morir o enfrentar un dolorido proceso de renovación que durarà 150 días.

Ese proceso consiste en volar hacia lo alto de una

montaña y quedarse ahí, en un nido cercano a un paredón, en donde no tenga la necesidad de volar. Después de encontrar ese lugar, el águila comienza a golpear su pico en la pared hasta conseguir arrancarlo.

Luego debe esperar el crecimiento de uno nuevo con el que desprenderá una a una sus viejas uñas. Cuando las nuevas uñas comienzan a nacer, comenzará a desplumar sus plumas viejas. Después de cinco meses, sale para su vuelo de renovación y a vivir 30 años más.[4]

En nuestras vidas, muchas veces tenemos que resguardarnos por algún tiempo y comenzar un proceso de renovación para continuar un vuelo de victoria, debemos desprendernos de costumbres, tradiciones y recuerdos que nos causaron dolor. Solamente libres del peso del pasado podremos aprovechar el resultado valioso que una renovación siempre trae. Y ese proceso es el que J. N. Águila comenzó hace meses atrás.

Luego de todo este tiempo de formación y aprendizaje, un día J. N. Águila despierta y entiende que la voz del Ser Infinito le decía que debía ir a otra parte de la montaña a trabajar con otras águilas y buscar otra roca en donde construir su nido. Nunca imaginó que el proceso de dejar esa parte de la montaña resultaría ser tan difícil. Nunca imaginó que el proceso de quitarse el viejo ropaje sería tan doloroso.

[4] Esta historia la he recibido por E-mail de la siguiente dirección hugjesilv@sion.com

El sólo hecho de pensar en otra parte de la gran montaña y otras águilas, ya le causaban miedo, de modo que una y otra vez voló a las alturas para que la voz del Ser Infinito le confirmara la decisión y le diera una orientación. Tuvo que luchar entre tantas voces que resonaban en su mente, pero luego de tratar de aquietar, pudo percibir con los oídos del corazón que esa voz le decía:

J. N. Águila, persigue tus sueños, que en realidad no son tuyos sino míos, yo te los di. Lo que hasta ahora has visto y experimentado no tiene comparación alguna con lo que pronto vendrá. Prepárate para recorrer nuevos escenarios.

Con esa seguridad, que sólo puede dar esa voz del Ser Infinito, J. N. Águila decidió regresar a esa inmensa montaña y tomar la decisión de buscar nuevos horizontes para él, su esposa águila y sus cinco polluelos. Tiempo atrás otras águilas malvadas quisieron cortar su vuelo, por aquel entonces J. N. Águila comprendió que:

Nadie puede abortar tus sueños. Ni otras águilas, por más malas que sean, ni las rocas de las montañas, ni las tormentas que sacuden tu nido. Uno es el único responsable de decidir bajar las alas o remontarse en vuelo en busca de su sueño o en el cumplimiento de su destino para el cual fue empollado.

Pero esta vez todo era diferente. Por muchos meses

EL ÁGUILA

J. N. Águila siendo un ave libre, se sintió como encerrado o encarcelado entre los barrotes de sus propias limitaciones. Día a día fue perdiendo el gozo y la alegría y comenzó a notar que esos sueños que se habían forjado en el horno de la ilusión corrían el riesgo de apagarse. Fue para entonces que escuchó la voz de otra águila que le decía:

En algún momento de nuestra existencia nosotros debemos decidir si queremos seguir cargando con nuestro viejo plumaje. En nosotros está la decisión. Una de las razones principales por las cuales muchas águilas no toman decisiones, es por miedo: Miedo al cambio, miedo a tomar decisiones equivocadas, miedo a las consecuencias y con frecuencia miedo al mismo proceso que conlleva tomar una decisión.

J. N. Águila respiró profundo, consultó con otras águilas y tomó la decisión de buscar otro sector de la montaña y conocer otras águilas.

Una historia para ese entonces comenzó a resonar en su mente, la historia de dos pequeños Halcones que fueron como una acaricia en su alma, con una pregunta que decía ¿Qué te impide volar? La historia es la siguiente:

Un rey recibió como obsequio, dos pequeños halcones, y los entregó al maestro de cetrería para que los entrenara.

Pasando unos meses, el maestro le informó al rey que uno de los halcones estaba perfectamente pero que al otro no sabía que le sucedía, no se había movido de la rama donde lo dejó desde el día que llegó.

El rey mandó llamar a curanderos y sanadores para que vieran al halcón, pero nadie pudo hacer volar el ave.

Encargó entonces la misión a miembros de la corte, pero nada sucedió. Al día siguiente por la ventana, el monarca pudo observar, que el ave aún continuaba inmóvil.

Entonces decidió comunicar a su pueblo que ofrecería una recompensa, a la persona que hiciera volar al halcón.

A la mañana siguiente, vio al halcón volando ágilmente por los jardines.

El rey le dijo a su corte, traédme al autor de ese milagro. Su corte rápidamente le presento a un campesino. El rey le preguntó: ¿Tú hiciste volar al halcón?, ¿Cómo lo hiciste?, ¿Eres mago? Intimidado el campesino le dijo al rey : Fácil mi rey, sólo corté la rama, y el halcón voló, se dio cuenta que tenía alas y se fue a volar.[5]

---

[5] Esta historia la he recibido por E-mail de la siguiente dirección hugjesilv@sion.com

J. N. Águila comprendió que *todos tenemos sueños, queremos resultados, buscamos oportunidades, pero no siempre estamos dispuestos a correr riesgos, no siempre estamos dispuestos a transitar caminos difíciles o volar rutas desconocidas. Todos tenemos la tendencia de conformarnos con lo que tenemos, creemos que es lo único y posible, y aprendemos a vivir desde la resignación.*

Comprendió que no podemos descubrir nuevas montañas... a menos que tengamos el coraje para volar de nuestra roca segura.

El Ser Infinito nos ha hecho para volar. A veces las circunstancias hacen el papel de ese campesino, nos cortan las ramas, pero gracias a ellos aprendemos a volar y conquistamos nuevas montañas.

Algunas de aquellas águilas, que por mucho tiempo fueron sus compañeros de vuelo, pronto mostraron lo que realmente había en el corazón de ellas. En lugar de alegrarse con J. N. Águila, le cuestionaron, lo desanimaron y hasta le dijeron que:

Todos los que persiguen sus sueños terminan con algún ala quebrada.

Pero aún así J. N. Águila siguió adelante con su decisión. Otras águilas le dijeron que alejarse de esa montaña y conocer otras águilas era peligroso y que uno se puede perder en la nueva montaña que desea conocer. No faltaron otras águilas que le dijeran:

Buscar tus sueños no tiene sentido. Intentar aprender nuevas técnicas de vuelo sólo te producen cansancio. Debes continuar volando de la misma manera que hasta ahora lo has hecho y permanecer en esta montaña que ya conoces.

Pero J. N. Águila se dispuso a no escuchar esas voces ya que siempre recordaba lo que una vez la voz del Ser Infinito le había dicho:

"No permitas que los que no sueñan te roben tus ilusiones"

Lo más doloroso de todo este proceso fue sentirse incomprendido, por las águilas que supuestamente eran sus amigas. Se sentía igual a aquellas tres hormigas de la leyenda que J. N. Águila tiempo atrás había escuchado. Una y otra vez J. N. Águila sintió que su corazón se desgarraba. Una y otra vez quiso regresar a su pequeña montaña en donde había vivido sus primeros años. Comenzó a vivir en carne y pluma propia el proceso de muerte que vivió la oruga, antes de convertirse en una mariposa.

Fue por ese entonces que en otro de sus vuelos a las alturas, la voz del Infinito le dijo:

El Águila

Los sueños que tu tienes para con tu vida no tienen comparación alguna con los sueños que yo tengo para tu vida.

Hasta ese momento J. N. Águila era un perseguidor de su propio sueño. Pero ahora una nueva ventana se abría en el horizonte del infinito. J. N. Águila comprendió que:

Su vida tenía valor no por lo que hiciera, ni por las tantas montañas que recorriera, ni tampoco por las muchas águilas a quienes les enseñara el secreto de remontarse en las alturas cuando las tormentas azotan sus vidas. Comprendió que él mismo era el proyecto del Ser Infinito, a quien ese Ser amaba por el simple hecho de haberlo escogido.

Las idas y vueltas hacia las alturas se hicieron con frecuencia, mientras que la voz del Ser Infinito traía claridad en la mente de J. N. Águila. En esas tantas veces que J. N. Águila subió a las alturas se tomo el tiempo necesario para pensar y hacer un balance de su vida. En forma resumida, esta es a la conclusión a la que había llegado:

En las últimas semanas una y otra vez J. N. Águila se había preguntado: ¿hasta cuando? ¿cuánto más tendré que soportar? Entonces entendió que el Ser Infinito le decía: "hasta que tus viejas plumas, tu viejo pico y tus viejas uñas desaparezcan y yo pueda renacer en ti". Comprendió que es mucho mejor estar en medio de la desilusión, el fracaso y la derrota con la convicción de que ese Ser Infinito está a su lado, que estar aparentemente bien, pero sin Él. Comprendió que el Ser Infinito le estaba buscando desesperadamente para tener amistad con él.

Comprendió que ninguno de los otros tesoros que hasta ahora había adquirido tienen comparación alguna a su presencia, a poder volar junto al Ser Infinito. Comprendió que cuando un día le dijo al Ser Infinito que se convirtiera en su máximo Maestro, implicaba que Él tiene todo el derecho de llevarlo por los caminos que El quiere, sin pedirle permiso o darle alguna explicación, porque para eso es Maestro. Comprendió que el mismo Ser Infinito le llevó de las alas por el vuelo de la desilusión, la soledad y el abandono para que El se convierta en su todo, en el único que no le abandona ni le desilusiona.

Comprendió que por muchos años buscó encontrar satisfacción en algún trabajo, o en otras águilas cuando en realidad la plenitud de la vida no está en nada de todo eso, sino en poder entablar esa amistad con el Ser Infinito. Reconoció que muchas veces canjeo su primogenitura por un bocado de carne vieja para encontrarse al final una y otra vez con más hambre y sed; reconoció que muchas veces creyó encontrar al Ser Infinito detrás de algún sueño o proyecto, pero comprendió que ese Ser Infinito anhela que el se convierta en SU proyecto.

EL ÁGUILA

En este tiempo, J. N. Águila está en el proceso de perder su viejo pico, sus viejas uñas y sus viejas plumas, con la esperanza de que algo nuevo renacerá en él, con la certeza de que habrán nuevos sueños, nuevas montañas para conquistar. Aún le quedan, si el Ser Infinito lo permite, un mínimo de 30 años más, los cuales J. N. Águila quiere dedicar no para conquistar sus sueños pequeños, sino ir detrás del premio mayor, de la presa más grande, que es conocer más íntimamente al Ser Infinito que un día lo llamó, para conocer Su corazón y enrolarse en Sus sueños para con las águilas de esta inmensa montaña.

El dolor, la traición y la desilusión con otras águilas ensancharon su corazón, sensibilizaron su espíritu, le hicieron ver más lejos y le capacitaron para comprender el dolor y la frustración de tantas otras águilas, a quienes la vida no les ha sonreído con frecuencia. Hoy, si bien aún se encuentra en el proceso de transformación, J. N. Águila no es la misma ave que fue meses atrás. Algo nuevo ha ocurrido y aunque hoy algunas águilas no lo noten, pronto otras sí lo verán.

EPÍLOGO

Mirar hacia atrás a J. N. Águila le ayuda recordar de donde ha venido y hacia donde está su destino. Siendo un pequeño polluelo comprendió que no podía perder su Norte.

Un día J. N. Águila tomó a sus polluelos y comenzó a decirles, lo que una vez sus padres, siendo él un pequeño polluelo le enseñaron:

"Queridos polluelos: Cuando la tormenta arrecia y cuanto más fuerte esta sea, más alto deben elevarse. Deben subir a las alturas, porque mientras abajo la montaña es sacudiao y los árboles arrancados y todo parece oscuro, arriba hay luz, arriba hay un sol que brilla, una brisa suave que te acaricia y una paz incomprensible en medio de la tormenta. Cuanto más alto suban no sólo que dejarán de oír el ruido producido por la tormenta, sino que se sorprenderán al escuchar una voz apacible y suave que proviene del in-

finito y que da sentido a su existencia. Pero aprendan de mi, no es suficiente empeñarse en ser el mejor águila para ayudara a otros tomando distintas clases de vuelo, a todo eso nunca descuiden que el Ser Infinito, más que darles una misión para esta vida, quiere que estemos con El, que invirtamos tiempo en conocer su corazón y sus sueños para las águilas de esta inmensa montaña".

Nunca permita que los que no sueñan le roben sus ilusiones y siempre recuerde que no son solo sueños los sueños que se sueñan en las alturas

Apéndice
La mejor historia de amor

Deseo que esta historia te haya gustado y haya despertado en ti algunos interrogantes. Quiero contarte que esa historia refleja mi propia vida. Jonatán Natanael Águila soy yo. Crecí en el campo, soy el tercer hijo de 4 hermanos de una familia que amaba a Dios. Desde muy pequeño el Ser Infinito (Dios), comenzó a tratar conmigo. A los 9 años enfermé de Meningitis. Según el pronóstico médico iba morir o en caso de sobrevivir tendría severas secuelas, pero Dios hizo un milagro. Desde pequeños mis padres nos inculcaron la fe, nos animaron con su ejemplo a creer en Dios, a establecer una relación personal con Él.

Cuando terminé la escuela primaria en una escuela rural, salí de mi casa y fui a una pensión en la ciudad más cercana para realizar los estudios del nivel secundario. En esos años Dios siguió tratando conmigo y la fe de mis padres pasó a ser una experiencia personal. Comprendí en aquel entonces lo que te contaré en las siguientes páginas.

Al terminar la escuela secundaria, viajé a Buenos Aires a capacitarme en un seminario. En ese proceso de formación conocí a Paula, mi esposa, con quien me casé y somos padres de 5 hermosos hijos. Dios nos ha permitido vivir y ministrar en diferentes lugares y algo que ha caracterizado nuestras vidas es que una y otra vez ese Ser Infinito (Dios), nos ha acompañado y guiado, nos ha sostenido y provisto para nosotros. Hemos sido escogidos para ser de Él y esa seguridad ha transformado nuestras vidas y nos ha marcado un destino.

Quiero animarte a que puedas leer las siguientes páginas con un corazón abierto. Dios tiene planes excelentes para tu vida, pero necesitas entender algunas cuestiones básicas, sin las cuales será difícil edificar una vida espiritual acorde a Su diseño. Dios desea que esos sueños que hay en tu corazón puedan hacerse realidad y él quiere darte la llave para que puedas sobreponerte a las dificultades que puedas enfrentar.

Hace muchos siglos atrás, cuando no existía nada de lo que hoy vemos y sabemos, en un remoto lugar llamado cielo; se encontraba Dios Padre, Dios Hijo y Dios Espíritu Santo, con miles de ángeles que día a día le servían y adoraban. Todo allí era alegría y fiesta. Todo funcionaba a la perfección como los mejores relojes suizos.

Entre todos los ángeles había uno que sobresalía entre los seres creados. Este era llamado "El Lucero de la

Mañana". Este ángel tenía nada menos ni nada más que la función de dirigir el coro de ángeles que adoraban día y noche a Dios. (En honor a la verdad, todavía en ese tiempo no se podía hablar de día y de noche, simplemente para poder entender su función).

Los siglos transcurrían en ese lugar llamado cielo, pero algo comenzó a suceder en el corazón del "Lucero de la Mañana". El comenzó a ver con malos ojos que toda la adoración fuera exclusivamente para Dios y comenzó a albergar en su corazón celos. Eso, luego de un tiempo fue creciendo hasta que finalmente se concretó en una rebeldía abierta y Dios lo confrontó con esa realidad. Pero si hubiese sido él solo, la cosa no hubiera sido tan difícil, pero el relato bíblico dice que arrastró en su rebeldía a un tercio de los ángeles que se sumaron a esa rebelión. Satanás había largado su primera carcajada, porque había dañado lo que Dios había creado. Como consecuencia de eso Dios hecha del cielo al Lucero de la Mañana y a esa tercera parte de ángeles. El Lucero de la mañana pasó a llamarse Lucifer, o más comúnmente conocido como "Satanás" y los demás ángeles pasaron a llamarse demonios.

Una vez fuera del cielo comenzaron a deambular en el espacio. De esa manera Satanás y los demonios se transformaron en enemigos acérrimos de Dios y de todo lo que él creara. Luego de un tiempo el Dios trino decide crear un lugar llamado infierno para Satanás y los demonios. Pero a su vez decide crear la tierra, todo lo que hay en ella, y coronar su creación con la formación del primer hombre, del polvo de la tierra y a la primera mujer de la costilla de Adán, luego que esté llegara a ser un ser viviente.

Dentro del planeta tierra, Dios creó un espacio llamado Edén donde colocó a esta primera pareja, que fue creada a imagen y semejanza de Dios, es decir con características eternas. Allí Dios les había dado la responsabilidad de administrar todo lo creado, de ejercer dominio sobre todas las demás cosas creadas y le dio libertad para comer de todos los frutos que había plantado dentro del huerto. Pero también estableció un árbol, llamado el árbol del bien y del mal y con ese árbol Dios le dio a Adán y a Eva una restricción: Nunca comer de ese árbol.

Los días y las noches transcurrían (ahora si podemos hablar de días y noches ya que Dios había creado el sol, la luna y las estrellas). Adán y Eva estaban entretenidos con su tarea de cuidar de ese Edén, de esa porción de tierra. Todos los días Dios llegaba hasta el lugar para charlar con ellos, para saber cómo estaban y qué necesitaban. Un día en que Eva se encontraba caminando sola por el bosque pasó junto al árbol prohibido. De repente escuchó que uno de los animales más bellos de la creación la estaba hablando. Le sugirió que mirara el fruto prohibido y ella vio que era hermoso. Luego le sugirió que comiera y ella respondió que Dios les había dicho que de todo árbol del huerto podían comer, menos de este, porque el día que de él comieran morirían.

La serpiente, que era muy astuta, le dijo que eso era una mentira. Le sembró en su corazón la idea de que Dios era malo y le dijo que en realidad si ellos comían de ese fruto ellos llegarían a ser igual a Dios sabiendo lo que es bueno y lo que es malo. Eva vio que el fruto era agradable y decidió comer. Luego de comer se dio cuenta que no había muerto, así que decidió dar de comer del mismo fruto a su esposo Adán. Luego que ambos comieron, sus ojos fueron abiertos, se dieron cuenta que estaban desnudos, les dio vergüenza y miedo y decidieron hacerse unos delantales con hojas de higueras. Satanás reía por segunda vez. Una vez más había logrado dañar algo que Dios había creado.

A la mañana siguiente, como era costumbre, Dios descendió al lugar para hablar con ellos y descubrió que estaban escondidos y allí salió a luz su desobediencia. Comenzaron a echarse la culpa el uno al otro y el otro a la serpiente, y esta, violín en bolsa no dijo nada, había logrado dañar lo que Dios había creado.

Como consecuencia de esta desobediencia cada uno recibió su castigo. La serpiente de haber sido un animal hermoso se transformó en un ser rastrero y odiado por la humanidad. El hombre recibió como castigo el cansancio, las traspiración y el trabajo infructuoso de la tierra. La mujer recibió como castigo parir hijos con dolor y de alguna manera luchar con su posición delante del hombre. Finalmente Dios decide sacarlos del Edén y ponerlos fuera. Por un tiempo Dios mantuvo custodiado el Edén pero luego lo quitó de la tierra.

A partir de esa desobediencia comenzó a entrar la imperfección, el pecado en la raza humana. Tiempo después entró el primer asesinato, enfermedades, muerte, guerras, pestilencias y todo lo que hoy podemos ver. Por un solo pecado entraron todos los demás. Pero a su vez Dios comenzó a preparar un plan de rescate para la humanidad. Como Dios ama al ser humano él desea lo mejor para este. Toda la historia de Israel del Antiguo Testamento, es la historia de la salvación. El objetivo de Dios es llevar al ser humano de regreso a casa. En la antigüedad estableció un sistema de perdón por medio del sacrificio de animales; pero hace un poco más de 2000 años el decidió dar lo mejor que tenía.

Allí en la eternidad, así como hace miles de años, ese trino Dios tuvo un diálogo de cómo crear al mundo y cómo crear específicamente al ser humano, ahora decidieron tener otra conferencia para ver cómo podían hacer para salvar a la humanidad. Dios había decretado que la consecuencia de la desobediencia era la muerte. Y esta había entrado en la humanidad. Pero cuando Dios había hablado de muerte, no sólo se refería a una muerte física, sino también una muerte espiritual, una separación eterna del ser humano de Dios.

Si Bien Dios no había creado el infierno para el ser humano, sino para Satanás y sus demonios, estos, que en esencia son malos, han tratado de arrastrar a la mayor cantidad de seres humanos posibles al infierno, como una muestra de su enemistad acérrima con Dios.

Dios vio que el ser humano no podía salvarse a sí mismo. De querer hacerlo, este debería ser perfecto y la realidad es que no hay ningún ser humano perfecto. Todos hemos cometido errores, llámese pecados, y estos, juntos a nuestra naturaleza caída, son los que nos separan de Dios.

Mientras nosotros seamos hallados culpables de algún error, Dios no puede hacer la vista gorda y dejarnos entrar al cielo en las condiciones en las que nos encontramos. Pretender querer salvarnos por nuestros propios medios argumentando que en nuestra vida hemos hechos más cosas buenas que malas, queriendo demostrar así que la balanza está de nuestro lado, es como pretender dar a uno de nuestros hijos un vaso con 1000 gotas de agua pura y uno de cianuro. Sabemos perfectamente que una gota de cianuro arruinó todo el resto de las gotas puras. Del mismo modo, un solo error nuestro nos arruinó la posibilidad de salvarnos por nosotros mismos.

Es así que Jesús entra a la escena y le dice al Padre. Papá, déjame ir a la tierra, a nacer como un ser humano y a vivir como un ser humano y luego a asumir el castigo por el pecado de la humanidad. Cada diciembre la humanidad recuerda en navidad el nacimiento de Jesús. Los años pasaron y Jesús se hizo hombre. Vivió con su familia de manera perfecta. Cuando tenía alrededor de 30 años decidió revelar a los habitantes de Israel el propósito de su venida al mundo. Comenzó a organizar a un grupo de amigos, llamados apóstoles: A estos les fue enseñando los principios y valores de la fe. Les hablo del cielo y del infierno, como del matrimonio y el cuidado de los niños; pero fundamentalmente les dijo que había venido no para condenar al mundo, sino para salvarlo. Les recordó que la humanidad tenía una deuda impagable con Dios y que él había venido a saldarla.

Es así que para la pascua judía, tres años y medio después de haber comenzado su ministerio; los líderes religiosos, en combinación con los romanos, apresaron a Jesús, los juzgaron injustamente y luego lo crucificaron. El viejo enemigo de Dios, Satanás y sus demonios estaban seguros que de esta manera se acabaría la esperanza de la humanidad. Dios no tenía otro hijo para enviar, ellos sabían de esto porque habían estado miles de años atrás en el cielo. Ese viernes por la tarde Satanás y todos los demonios se reunieron en Jerusalén para festejar el triunfo, no sólo de la muerte de Jesús sino también de la perdición eterna de la humanidad. Se sumaron otras carcajadas.

Dice el relato bíblico que por tres horas el cielo se oscureció. Satanás y sus demonios estaban haciendo fiesta. Mientras tanto en la cruz, clavado de manos y pies, se encontraba Jesús. Desde la cruz Jesús dijo varias cosas, como ser: "Padre, perdónalos porque no saben lo que hacen", pensando en los soldados romanos que lo clavaron sin lástima después de haberlo castigado con látigos. Dijo "Tengo sed", y un soldado le acercó una esponja con vinagre a sus labios. Refiriéndose a uno de los ladrones que estaba colgado a un costado de él le dijo "Te aseguro que hoy mismo estarás conmigo en el paraíso".

En el momento de más dolor y soledad exclamó "Dios mío, Dios mío; por qué me has abandonado". Por primera y única vez el Hijo de Dios sentía la soledad y el desamparo. Su Padre literalmente le había dado la espalda. Como Dios aborrece el pecado y Jesús había cargado sobre sí el pecado de toda la humanidad, su Padre no podía hacer menos que darle la espalda como un acto de odio y rechazo al pecado. Pero justo antes de morir, la última frase que Jesús dice, fue: "Consumado es". Esta frase, en versión actualizada, quiere decir: "Humanos, el pecado de ustedes que los separaba de Dios, ha sido perdonado, la deuda que ustedes acarreaban ha sido cancelada. A partir de ahora tienen acceso directo a Dios, no necesitan de ningún intermediario". Luego de declarar esta verdad, Jesús entregó su espíritu. Horas después fue puesto en una tumba y de alguna manera olvidado allí.

En un momento de esos días de estar muerto, Jesús descendió hasta los mismos infiernos para aguar la fiesta a Satanás y todos sus demonios. Se presentó en su misma oficina infernal y mientras Satanás y los demonios estaban de fiesta porque aparentemente habían ganado la batalla final, Jesús se presenta y le dice: "Satanás, el que ríe último ríe mejor. Yo soy el Dios de la vida y de la muerte, ¿tú crees que un par de clavos y una tumba pueden retener al autor de la vida? Pues bien, para que veas que tu destino de fracaso y perdición está marcado, mira como resucitaré y esta será la

67

señal de que sigo siendo Dios el creador y sustentador de todo".

El domingo por la mañana Jesús resucitó de entre los muertos y su tumba quedó vacía. Permaneció 40 días más con sus discípulos dándoles las directrices para establecer Su iglesia y hacer crecer Su reino en esta tierra. Luego de esos 40 días Jesús asciende a los cielos y envía su representante, que es el Espíritu Santo quien es el que mora dentro de los cristianos, quien es el que nos convence de pecado para que podamos arrepentirnos y quien es el que nos da esa paz que surge de saber que nuestra deuda ha sido cancelada.

Cuando el telón de esta vida y de este mundo sea corrido y estos tiempos se acaben con toda la maldad que vemos, dice la Biblia que Jesús volverá, reunirá a sus hijos y los establecerá nuevamente como su pueblo. Dios no ha abortado el proyecto del Edén, ese proyecto de trabajo, justicia, sanidad y equidad. Llegará un día que Satanás, sus demonios y todos los que se unieron a su rebelión serán encarcelados eternamente en ese lugar que fue creado para ellos, y nunca más podrá el enemigo dañar algo que Dios haya hecho. Parece increíble, pero así será.

Si quieres unirte a la Risa de Dios, a la risa de los ganadores, Dios te hace una invitación. En esta invitación hay algunas cosas que necesitas entender, como ser:

1. Necesitas reconocer que sos una persona que ha

cometido muchos errores o pecados.

2. Necesitas comprender que esos pecados o errores te han separado de Dios y que de seguir así tu destino eterno será estar lejos de Dios.

3. Debes creer que Dios te ama y que por tal motivo él envió a su Hijo Jesús al mundo para realizar lo que ninguna otra persona o ser creado puede hacer, que es saldar esa deuda que tenemos con Dios.

4. Cuando entiendes que sin Dios estás perdido/a y que en la cruz Jesús carga con tus propios errores, entonces estás en condiciones de recibir el regalo del perdón.

5. Jesús dice que si le invitamos, si abrimos nuestro corazón, si nos arrepentimos por todo lo malo que hemos hecho, si le pedimos perdón; entonces el Dios trino entrará a vivir dentro de nosotros, y como consecuencia de ello nos limpia, nos perdona, restaura nuestra relación con el Padre y envía a su representante que queda dentro de nosotros para asegurarnos de que somos hijos/as de Dios.

6. Cuando recibes el perdón, entonces eres libre. Esa libertad te permite reír por la eternidad. Te haces partícipe de la mejor historia de amor que cada mañana despertará en tu rustro una sonrisa de paz, seguridad y confianza.

Si has comprendido esto, y deseas reír por la eternidad, te invito a que te unas conmigo en esta oración y con toda sinceridad puedas decirle a Dios:

"Padre, reconozco que he cometido muchos errores y que estos me separan de ti. Ahora entiendo que Jesús en la cruz murió en mi lugar y que al cargar mis pecados, la deuda que tenía contigo fue saldada. En estos momentos decido creerte y te pido que perdones mis errores. Te reconozco como mi Señor y Salvador y recibo al Espíritu Santo, quien morará dentro mío. Acepto tu perdón, el regalo de una vida plena aquí y eterna contigo. Ayúdame a serte fiel hasta que nos reencontremos. En el nombre de Jesús. Amén".

Si de corazón has hecho esta oración, te pido que me escribas a enriqueruloff@hotmail.com y me lo hagas saber. Quiero orientarte para que puedas encontrar un lugar donde puedas desarrollar tu fe, donde puedas recibir alimento espiritual y compañerismo. Gracias por unirte a los que ríen por último, pero ríen mejor.

ACERCA DEL AUTOR

Enrique Luis Ruloff, es un soñador a quien el Ser Infinito, de quien habla en este libro, lo ha sorprendido de varias maneras. Por muchos años ha sido un líder espiritual. Hoy es Director General de la Facultad Internacional de Teología, donde está entrenando líderes para la iglesia actual. Además de su trabajo docente, también es el líder de una comunicad cristiana llamada "Casa de Dios" en un barrio de Buenos Aires, donde trabaja con un grupo de líderes. También es el consejero espiritual de la Consultora del Monte que trabaja en el ámbito empresarial. Enrique estudio en Argentina y en dos universidades diferentes en Estados Unidos. En febrero de 2012 se graduó como Doctor en Teología. Es autor de otros ocho libros escritos desde una perspectiva bíblico-teológica que han sido bien recibidos en el ámbito cristiano. El vive con su esposa Paula y su cinco hijos: Jennifer, Jacqueline, Christopher, Stephanie y Nicole, en Buenos Aires.

Remontarse en las alturas
nos protege de las tormentas
de más abajo

CPSIA information can be obtained
at www.ICGtesting.com
Printed in the USA
BVHW032233091219
566174BV00001B/58/P